Coloriage
paysage

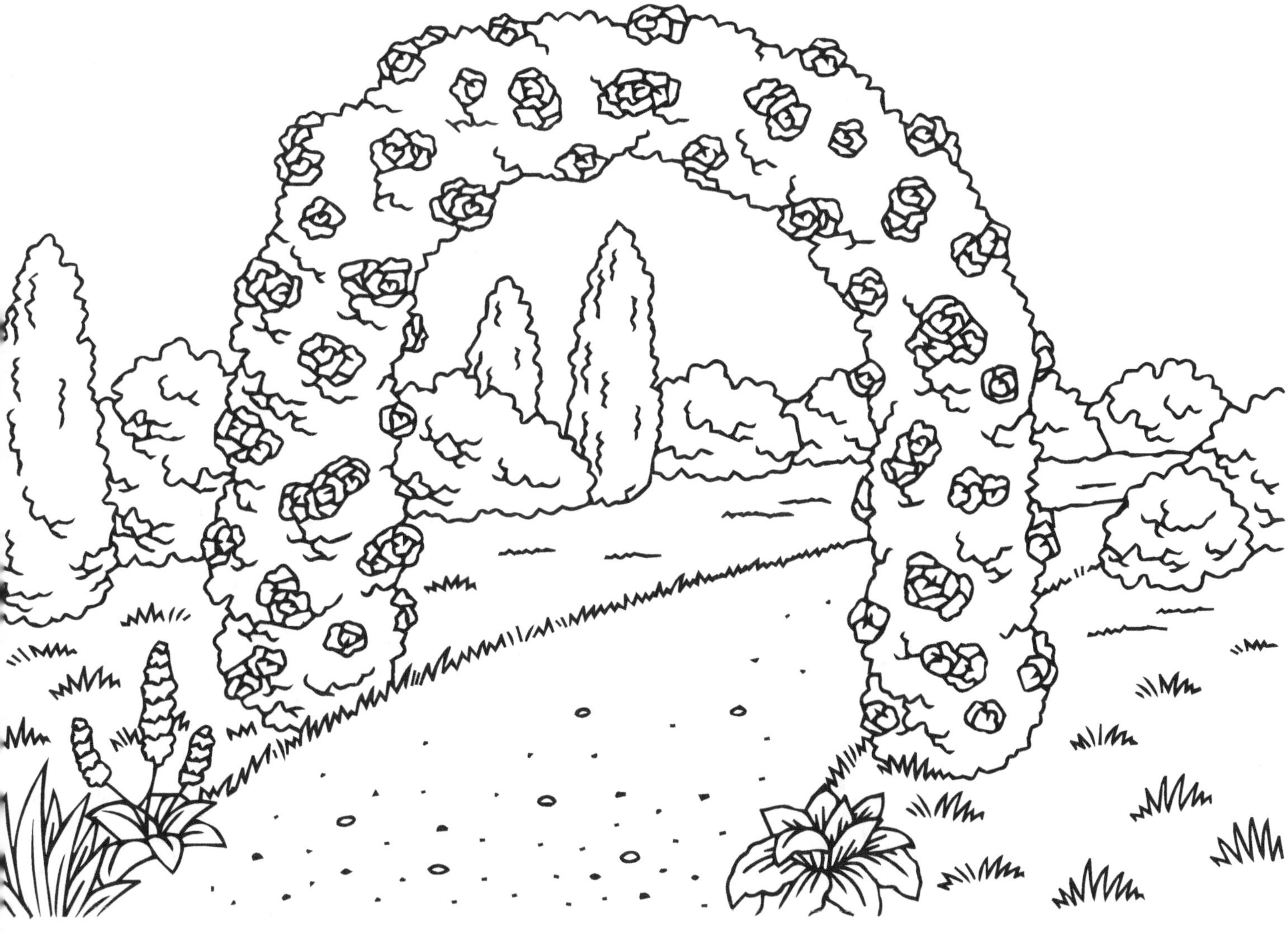

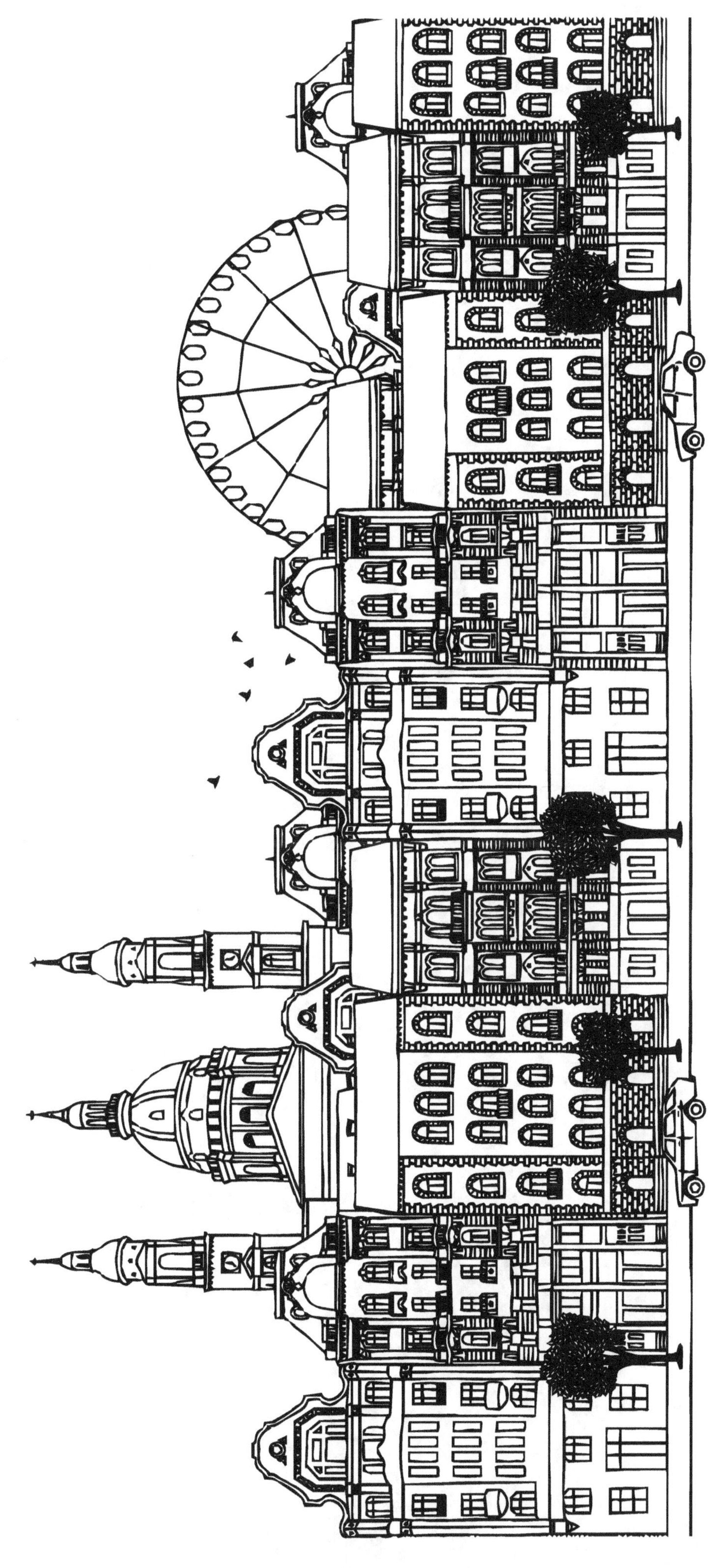

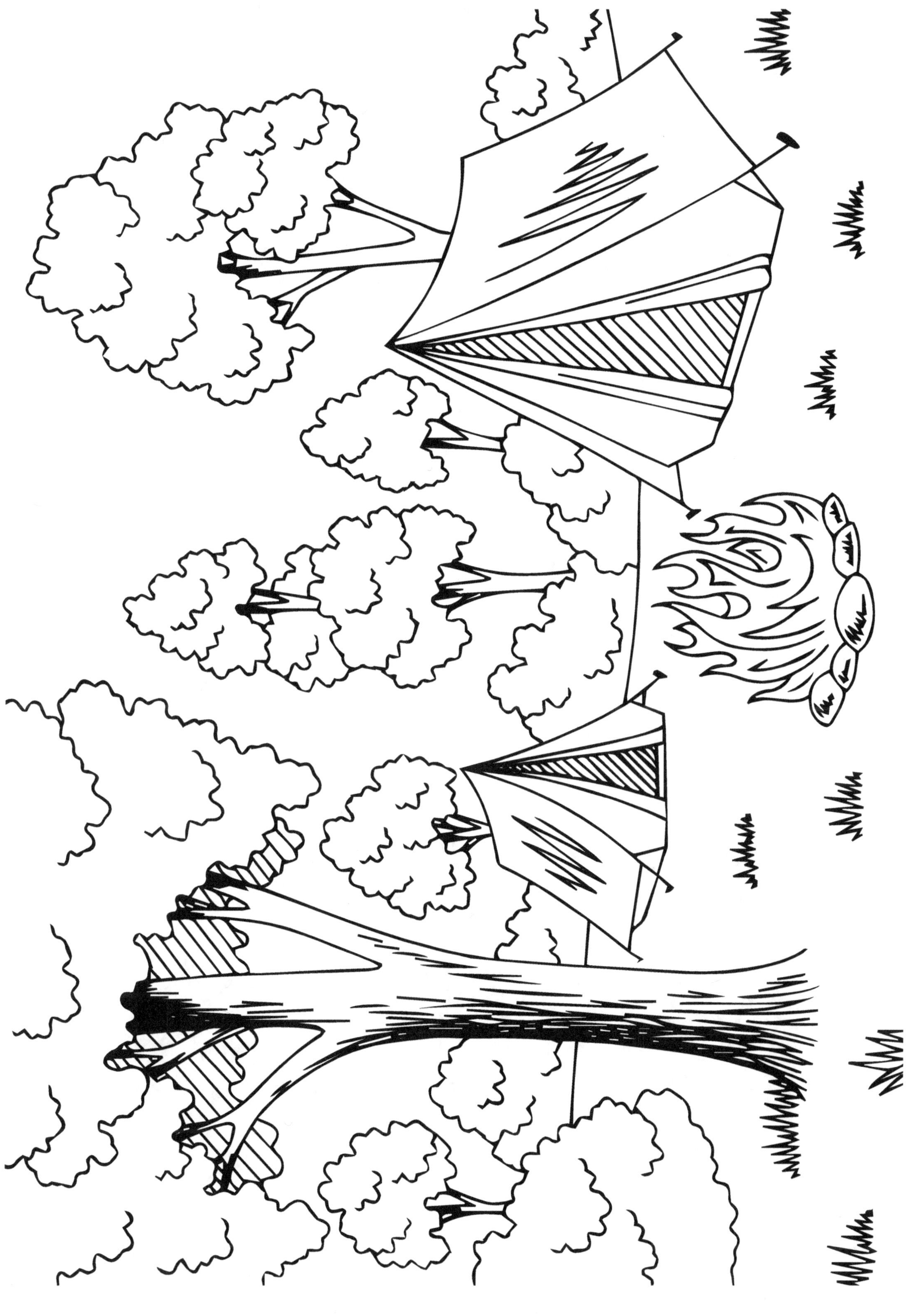

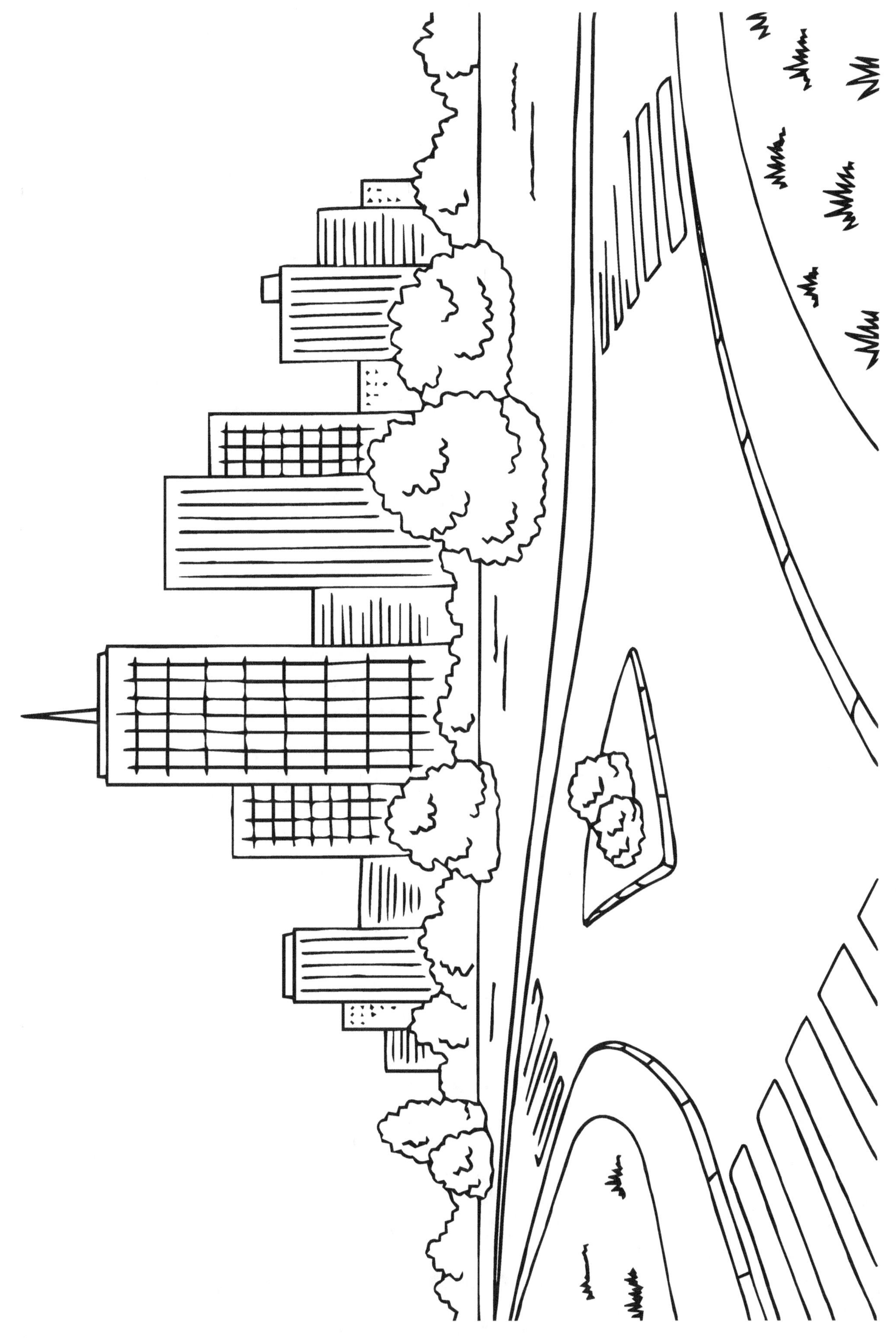

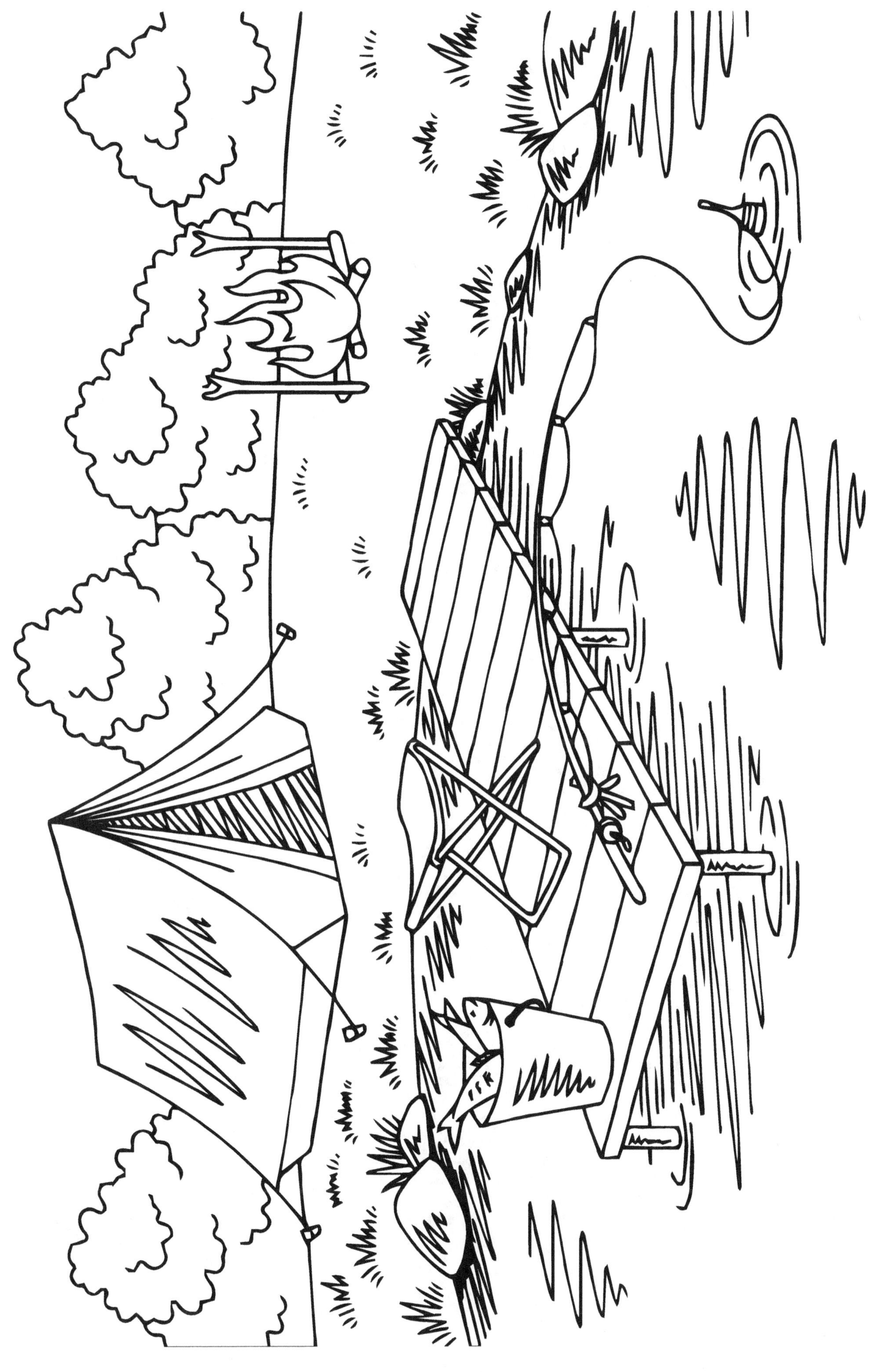

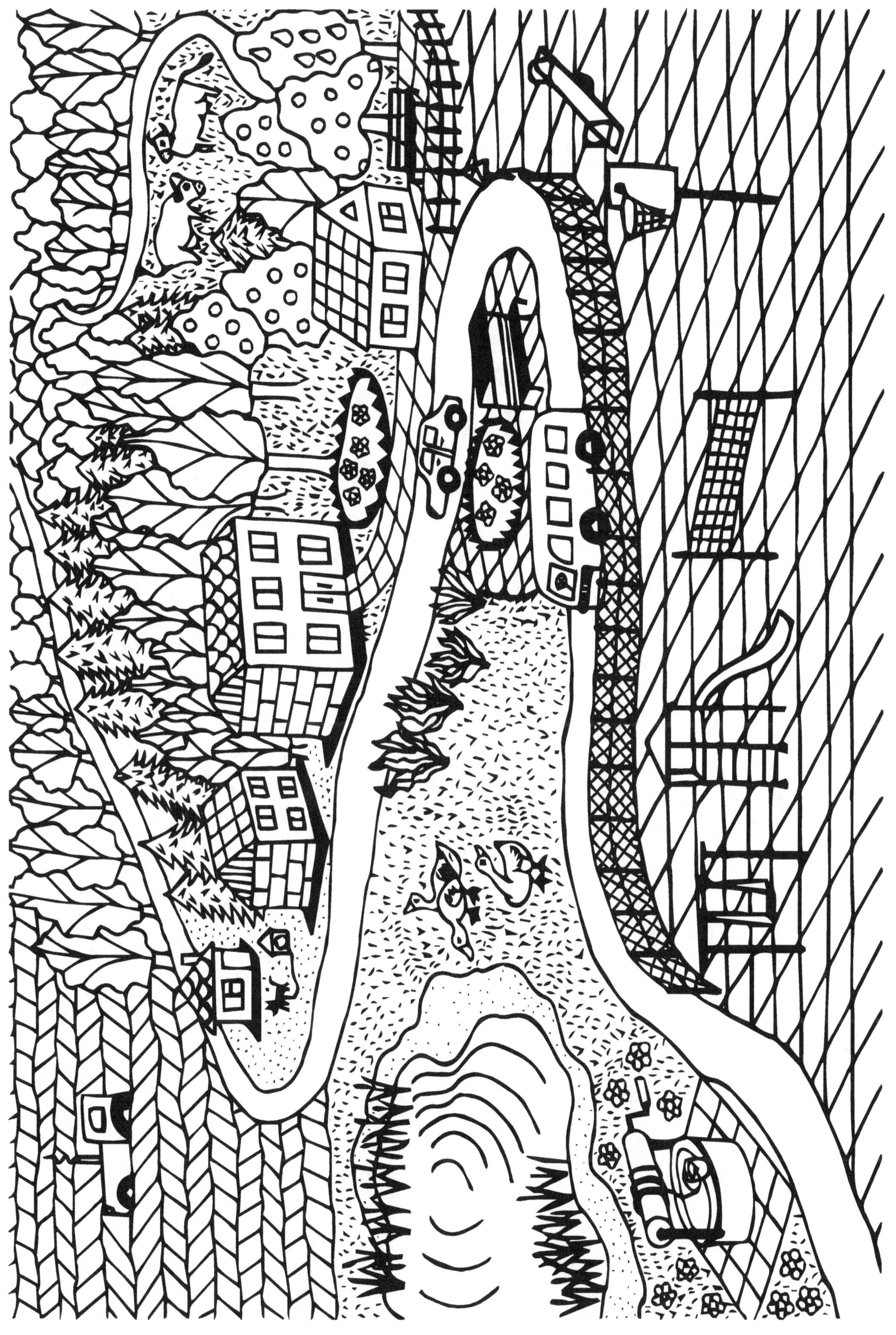

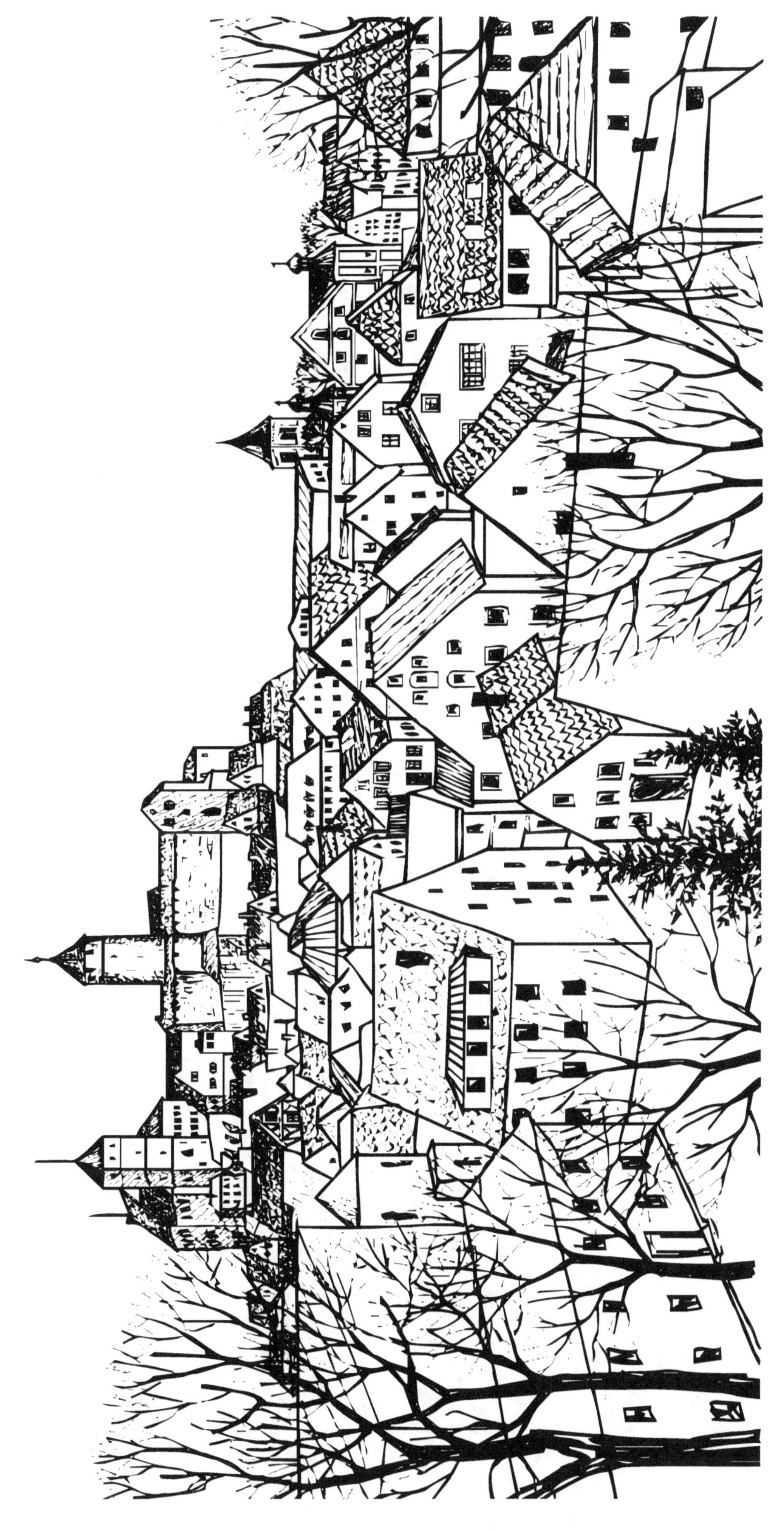

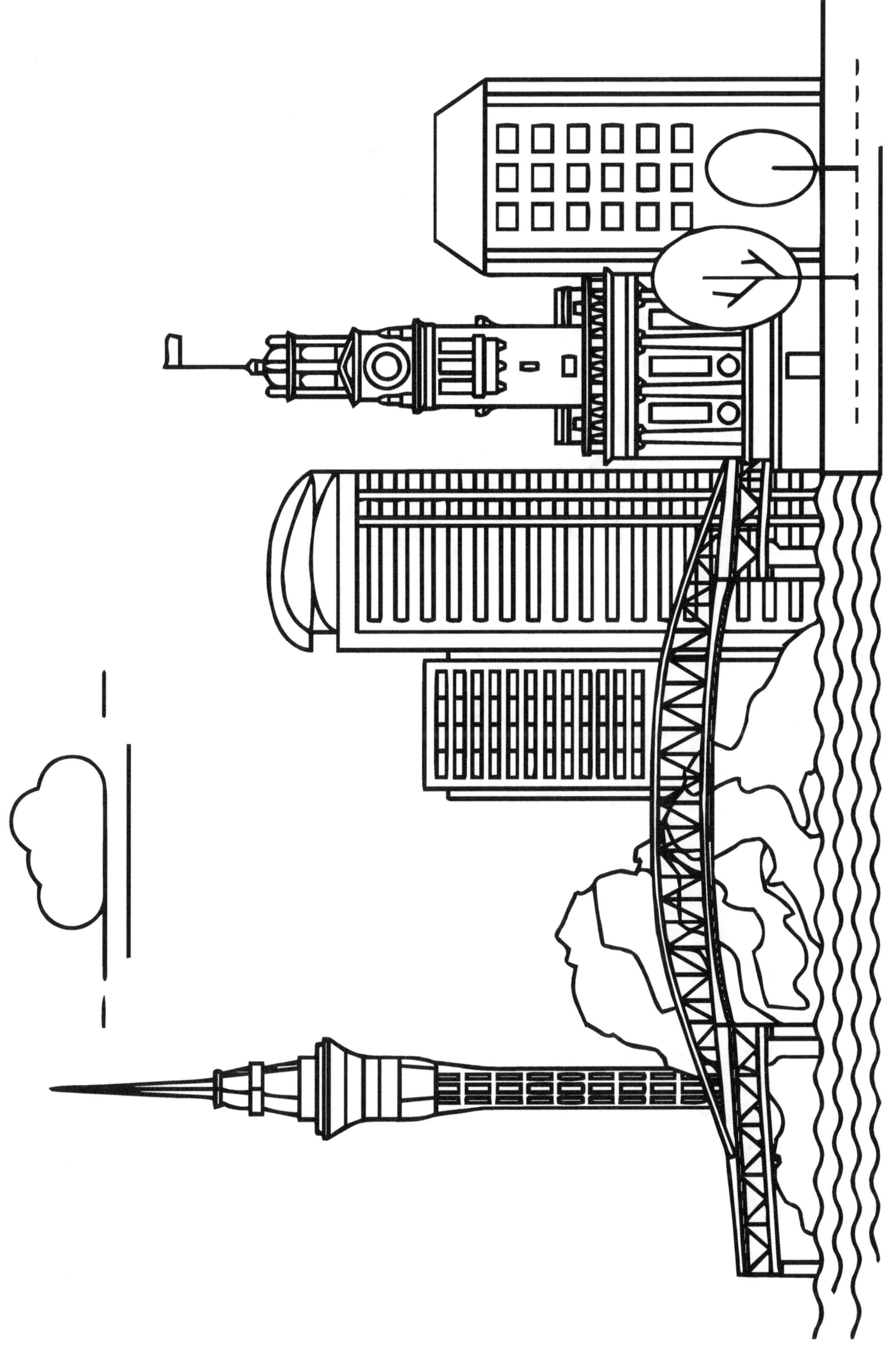

Paris

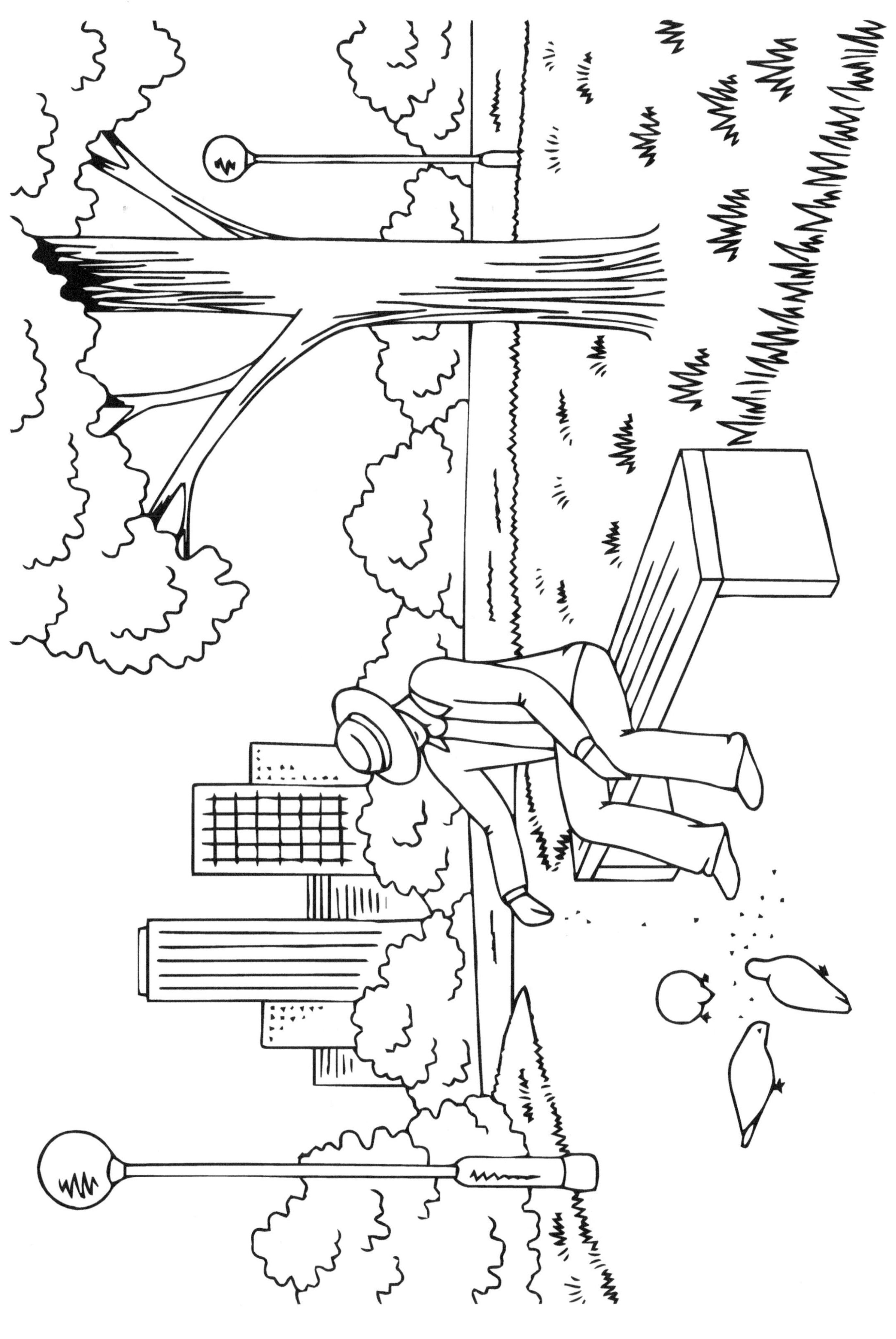

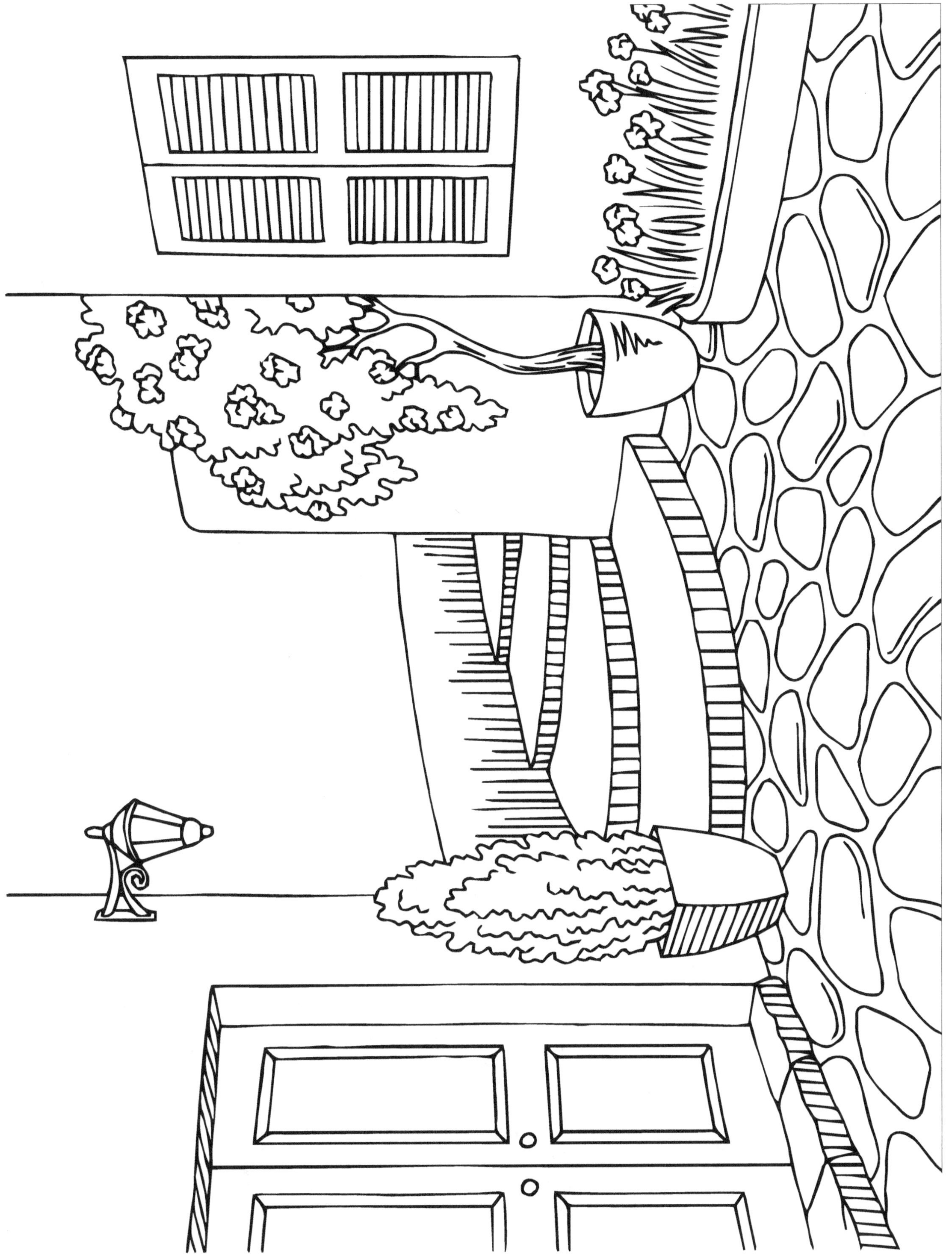

9 7 9 8 6 6 7 6 4 2 7 3 2